Daniel Böhler

Kinderleichte Laubsägearbeiten

BÖHLER
made in germany
BÖHLER
made in germany

Daniel Böhler

Kinderleichte Laubsägearbeiten

Spielzeug einfach und schnell

Mit großem Vorlagenbogen

Augustus Verlag

Inhalt

Die Deutsche Bibliothek – CIP-Einheitsaufnahme

Kinderleichte Laubsägearbeiten :
Spielzeug einfach und schnell ; mit großem Vorlagenbogen / Daniel Böhler.
– Augsburg : Augustus Verl., 1999
ISBN 3-8043-0264-5

Fotografie: Klaus Lipa, Augsburg
Lektorat: Susanne Gugeler, Mering
Umschlaggestaltung: Abraxas Werbegrafik, Karina Stieler, Augsburg

Layout: Anton Walter, Gundelfingen

AUGUSTUS VERLAG AUGSBURG 1999

Satz: Gesetzt aus 11 Punkt Souvenir von DTP-Design Walter, Gundelfingen
Reproduktion: GAV Prepress, Gerstetten
Druck und Bindung: Appl, Wemding

Gedruckt auf 115 g/m² umweltfreundlich chlorfrei gebleichtes Papier.

ISBN 3-8043-0264-5

Printed in Germany

Vorwort

Lieber kleiner und großer Bastelfreund,

jeder kann mit seinen Händen etwas anfangen, doch den einen fehlt der Mut, anderen die Anleitung. Dieses Buch soll dir zeigen, dass es gar nicht schwierig ist, mit Holz schönes Spielzeug selbst herzustellen. Das Besondere an diesem Buch ist, dass es mit wenig Anleitungstext auskommt und dich mit genauen Bauplänen und Vorlagen rasch zum Erfolg führt. Als Ergebnis hältst du dann Luft-, Land- und Wasserfahrzeuge in der Hand, die nicht nur im Regal toll aussehen, sondern auch zum Spielen einladen. Du wirst feststellen: Basteln mit Holz ist viel einfacher, als du erwartet hast! Und als kleine Zugabe erhältst du nebenbei noch viele Informationen über alles, was fliegt, rollt und schwimmt…

So ein Buch lässt sich ohne Unterstützung von Menschen, die einem nahestehen, nicht verwirklichen, ob durch Ideen oder große Hilfe beim Bauen. Besonders danken möchte ich meinem Vater Günther Böhler, der für mich sämtliche Modelle ausgesägt hat.

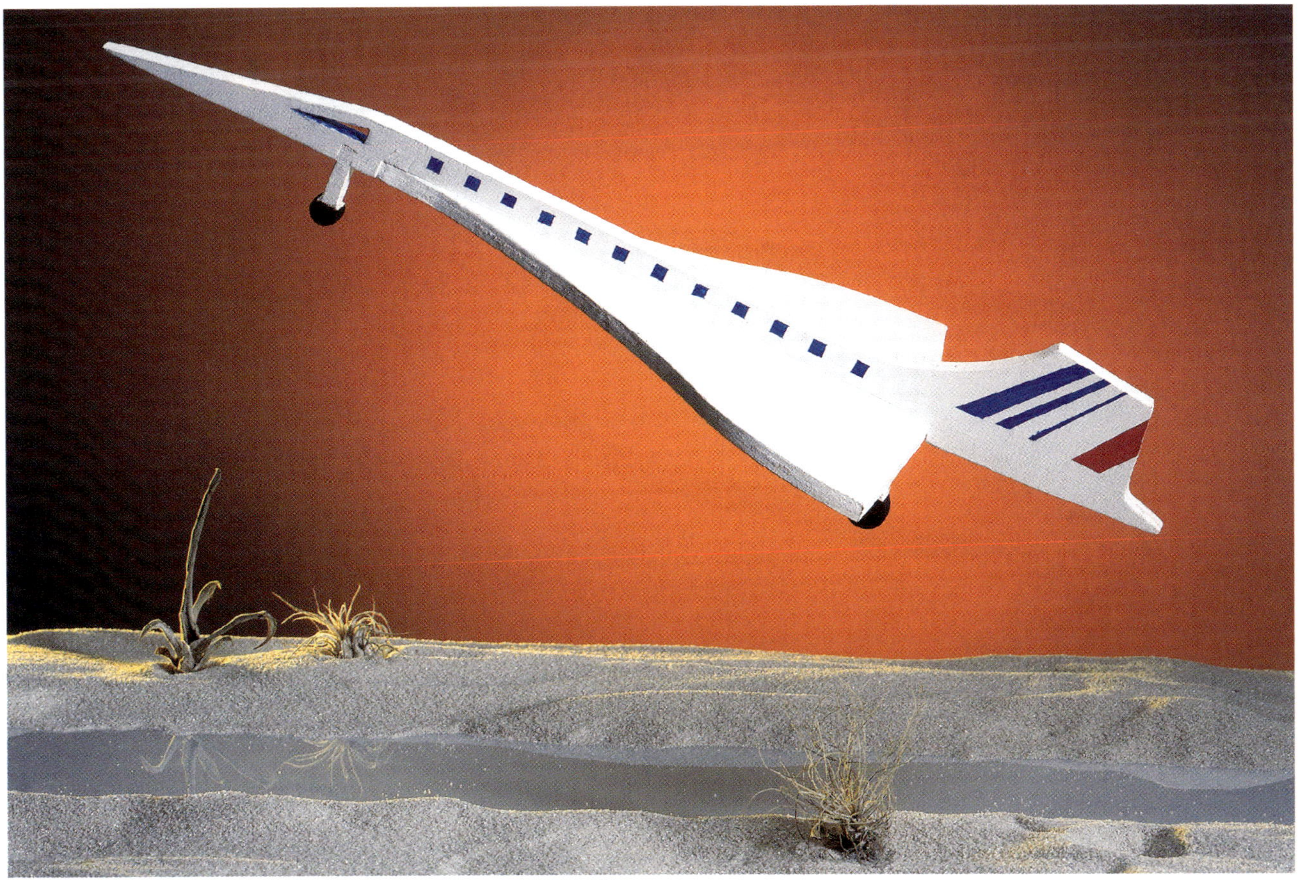

Welche Säge eignet sich für Sperrholzarbeiten?

Laubsäge

Mit dem Laubsägebogen hast du vielleicht schon Bekanntschaft gemacht und das mit mehr oder weniger Erfolg. Der Erfolg beginnt mit dem richtigen Werkzeug. Laubsägebogen gibt es schon recht preisgünstig zu kaufen (etwa für DM 20.-). Hier sollte darauf geachtet werden, dass der Bogen stabil gebaut ist, das heißt, dass er das Sägeblatt immer schön in Spannung hält. Ist das nämlich nicht der Fall, reißt das Sägeblatt, und das lässt, wenn es immer wieder passiert, die Moral sinken. Auch die Wahl der richtigen Sägeblätter ist wichtig. Die Blätter für Holz sind weicher als die für Metall, dadurch weniger bruchempfindlich, zudem sind sie in der Regel grobzahniger, was ein schnelleres Vorankommen ermöglicht. Zum Laubsägebogen brauchst du noch den passenden Sägetisch mit Spannzwinge, dann kann es schon losgehen.

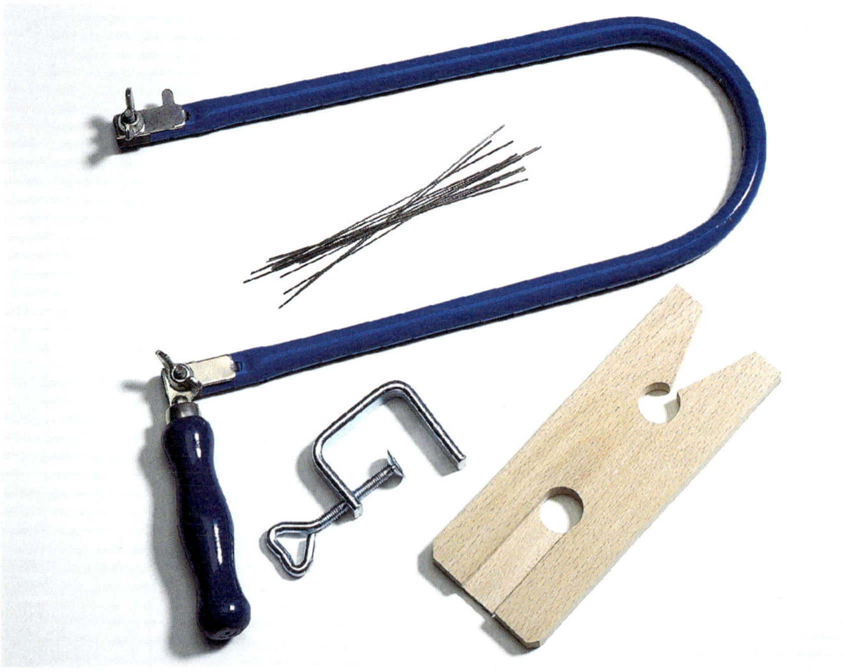

So sieht die Grundausstattung aus: Laubsägebogen mit Sägetisch, Schraubzwinge und Sägeblättern.

Dekupiersäge

Als Alternative zu Laubsägen werden Dekupiersägen der unterschiedlichsten Fabrikate angeboten. Aber auch hier muss neben der Leistung (der Drehzahlregelung des Motors) auch auf die Spannung der Sägeblätter geachtet werden. Denn ist diese zu gering, gelingt der Schnitt nicht wie geplant. Die wirklich guten Sägen haben allerdings auch ihren Preis. Als Beispiel für hervorragende Qualität möchte ich hier die Sägen der Firma Hegner aus Villingen-Schwenningen erwäh-

Dekupiersäge Multicut-1
Werkfoto der Firma Hegner

nen (ab etwa DM 650.–). Eine solche Anschaffung lohnt sich aber nur dann, wenn das Hobby dauerhaft und professionell betrieben werden soll.

Für Kinder sind Dekupiersägen kaum geeignet. Sie dürfen damit nur im Beisein eines Erwachsenen umgehen.

Stichsäge

Eine Alternative zu den beiden oben angeführten Sägen bietet die Firma Böhler, aus Denzlingen im Schwarzwald, mit einer handlichen, leistungsstarken Stichsäge (12 Volt), die sogar vom TÜV als Kinderwerkzeug zugelassen ist. Bis zu einer Materialdicke von 8 mm arbeitet sie bei Sperrholz tadellos. Mit einem als Zubehör erhältlichen Tisch kann sie sogar ähnlich einer Dekupiersäge verwendet werden. Man kann wählen zwischen einem kleineren und einem größeren Netzteil. Je nach Anforderung kann hier auch später nachgerüstet werden. Mit dem größeren der beiden Transformatoren ausgerüstet, hat man ein Werkzeug in Händen, das von den Modellbauern sehr geschätzt wird. (Je nach Trafo kostet das Stichsägen-Paket zwischen DM 160.– und DM 220.–.)

Eine Werkstatteinrichtung im Kleinen: Stichsäge mit Sägetisch, Bohrmaschine, Netzgerät plus Zubehör.

Was du außer einer Säge noch benötigst

- Eine Handbohrmaschine (elektrisch oder manuell),
- Holzschrauben für die drehenden Teile (etwa 15 mm und 24 mm lang), mit einem Durchmesser von 3 mm (ersatzweise kannst du auch Nägel in den entsprechenden Längen verwenden),
- Bohrer mit 2 mm Durchmesser (für die Innenausschnitte) und 3 mm oder 3,5 mm Durchmesser (passend zu den verwendeten Schrauben),
- Holzleim,
- Pinsel und Farben,
- Schleifpapier mit der Körnung 60/240 und Schleifklotz,
- Kohlepapier zum Durchpausen und dazu einen Bleistift,
- Reißnägel zum Befestigen der Vorlage,
- Holzspachtel,
- Gummiringe,
- einen Styroporklotz, mit Streichhölzern oder Nägeln bespickt, zum Ablegen der bemalten Teile
- und natürlich passendes Holz…

Entscheide dich für das geeignete Holz

Beim Holz ist die Auswahl schier unendlich. Für das hier vorgestellte Spielzeug benötigst du kein teures, edles Holz, denn meist wird die Oberfläche anschließend ohnehin bemalt.
Am besten, du entscheidest dich für Sperrholz.

Sperrholz bekommst du in den unterschiedlichsten Holzarten – mehrfach verleimt und wasserfest. Einfach zu bearbeiten sind Pappel- oder Birkenholz. Es lässt sich leicht sägen, bohren und auch bemalen. Wetter- bzw. wasserfest muß dein Spielzeug in der Regel ja nicht sein, wobei hier aber auch mit der entsprechenden Farbe nachgeholfen werden kann.

Die Vorlagen in diesem Buch sind alle für eine Holzdicke von 8 mm vorgesehen.

Was du bei den Farben beachten musst

Weil die Modelle ja zum Spielen gedacht sind, muss bei der Auswahl der Farben selbstverständlich auf gesundheitsschädliche Farben und Lacke verzichtet werden!

Die abgebildeten Modelle wurden mit sogenannter »Plakatfarbe« bemalt, die wasserlöslich ist und sich auch gut mischen lässt.

Wähle zwischen »einfach« und »schwierig«

An jedem Modell findest du ein, zwei oder drei »Sternchen« für die Einstufung der Arbeit. Ein »Sternchen« bedeutet: Das schaffst du leicht! Zwei »Sternchen« bedeuten: Hier gehört schon etwas mehr Geschicklichkeit und Ausdauer dazu. Drei »Sternchen« bedeuten: Am besten, du bittest einen Erwachsenen, dir zu helfen. Die Bewertung bezieht sich nur auf das Sägen und Montieren des Modells, beim Bemalen kann jeder seinen eigenen Schwierigkeitsgrad wählen.

Die Vorlage wird übertragen

Die in diesem Buch enthaltenen Baupläne und Vorlagen sind für Sperrholz mit einer Materialdicke von 8 mm gedacht. Möchtest du dein Modell kleiner oder größer bauen, dickeres oder dünneres Holz verwenden, müssen alle die Maße, bei denen die Holzdicke von Bedeutung ist, geändert werden, sodass anschließend wieder alles ineinander passt.

Die gepunkteten (bzw. gestrichelten) Linien auf Bauplan und Vorlage zeigen dir an, an welchen Stellen du später das Modell bemalen musst. Entlang dieser Linien also auf keinen Fall sägen!

Um die Vorlage auf das Holz zu übertragen, gibt es mehrere Techniken. Am einfachsten erscheint mir, die Vorlage mit einem Kohlepapier auf das Holz zu übertragen, eventuell über die Zwischenstation Kopierer, um zu vergrößern oder zu verkleinern. Auch bei einem Übertragungsmaßstab von 1:1 ist es vorteilhaft, wenn mit einer Kopie gearbeitet wird, denn dadurch kannst du den Vorlagenbogen schonen.

Damit die Konturen beim Übertragen nicht verschoben werden, befestigst du die Vorlage mit ein paar Reißnägeln. Außerdem kannst du dir auch Schablonen anfertigen, was allerdings nur Sinn macht, wenn du von einem Modell mehrere Exemplare bauen möchtest.

So gehst du mit der Säge um

Laubsäge

Das Sägeblatt wird mit den Zähnen (natürlich nicht mit deinen eigenen!) nach unten eingesetzt. Dazu die Flügelmuttern am Bogen lösen, das Blatt in der unteren Halterung befestigen, dann in die obere Halterung einführen und, nachdem der Bogen etwas vorgespannt wurde, festziehen. Die richtige Spannung lässt sich leicht kontrollieren: Wenn du das Sägeblatt anzupfst, muss es wie die angezupfte Saite einer Gitarre klingen.

Bevor du nun mit dem Sägen beginnst, befestigst du das Sägetischchen mit der Schraubzwinge an der Arbeitstischkante.

Eine saubere Auflage erleichtert das Sägen ungemein.

Das Sägeblatt wird am Holz angelegt. Dann ziehst du den Bogen langsam und mit leichtem Druck mit kurzen Bewegungen nach unten, ohne Druck wieder nach oben und gleichmäßig mit sanftem Druck wieder nach unten. Der Sägebogen wird dabei waagerecht und parallel zum Unterarm gehalten. Nach einigen Bewegungen gelingt das wie von selbst. Enge Kurven nicht mit stehendem Blatt nehmen, sonst wird es abbrechen, auch hier immer weiter nach oben und unten bewegen, bis die gewünschte Position erreicht ist.

Um Innenausschnitte zu sägen, löst du das Sägeblatt oben, steckst es durch die Bohrung im Innenbereich, spannst es wieder ein, und schon kannst du die Innenkonturen bearbeiten.

Dekupiersäge

Im Wesentlichen wird mit der Dekupiersäge wie mit der Laubsäge umgegangen. Das Ganze erfolgt aber ohne Muskelkraft. Ein großer Vorteil der Dekupiersäge ist, dass man beide Hände zum Halten des Werkstückes frei hat. Darüber hinaus kann mit ihr auch dickeres Holz (20 bis 30 mm) bearbeitet werden, was mit der Laubsäge sehr mühsam ist.

Da der Umgang mit der Dekupiersäge nicht ganz ungefährlich ist, sollte dir immer ein Erwachsener beim Sägen behilflich sein!

Stichsäge

Das Heben und Senken des Sägeblattes übernimmt bei der Stichsäge ebenfalls ein Motor. Wenn mit einem Sägetisch gearbeitet wird, hat man hier wie bei der Dekupiersäge beide Hände frei. Man kann die Stichsäge aber auch mit der Hand führen. Das Ein-und-Ausspannen des Sägeblattes bei Innenausschnitten entfällt, da das Sägeblatt ohne obere Führung auskommt.

Stichsäge: Technik wie bei großen Werkzeugen, aber für feine Arbeiten viel besser geeignet. Die Böhler Stichsäge wurde vom TÜV als Kinderwerkzeug geprüft.

Jetzt geht's richtig los

Nachdem du die Vorlage auf das Holz übertragen hast, musst du überall dort, wo auf dem Vorlagenbogen ein Kreuz eingezeichnet ist, ein 2 mm großes Loch bohren. Hierzu kannst du, wie bereits am Anfang beschrieben, einen entsprechenden Handbohrer oder auch eine kleine Modellbau-Bohrmaschine verwenden. Damit die Bohrung nicht ausreißen kann, legst du einfach ein Abfallbrettchen unter das zu bearbeitende Sperrholz. Ein Teil der Löcher dient als Bohrung, durch die das Sägeblatt gesteckt werden kann, um innenliegende Konturen auszusägen. Andere werden später zum Befestigen drehender Teile mittels Schrauben oder Nägeln gebraucht. Gesägt wird nur entlang der durchgezogenen Linien. Stets außerhalb der Linie sägen. Dadurch hast du später noch etwas Spielraum bei der Nacharbeit. Die gepunkteten und gestrichelten Linien geben dir an, an welchen Stellen du später das Modell bemalen musst.

So kannst du »Riefen« beseitigen

Soll das fertige Modell später bemalt werden, arbeitest du vor dem Schleifen noch mit einem Holzspachtel nach. Damit werden die Übergänge nach dem Bemalen unsichtbar.

Das fertige Modell soll später schön glatt anzufassen sein und keine »Riefen« aufweisen. Deshalb ist es wichtig, dass vor dem Bemalen die Kanten und Flächen geschliffen werden. Dafür verwendest du zunächst Schleifpapier mit einer groben Körnung (zum Beispiel Körnung 60). Wenn die gesägten Kanten saubere Übergänge haben, wird mit einem feinen Schleifpapier

Das ausgesägte Modell wird geschliffen.

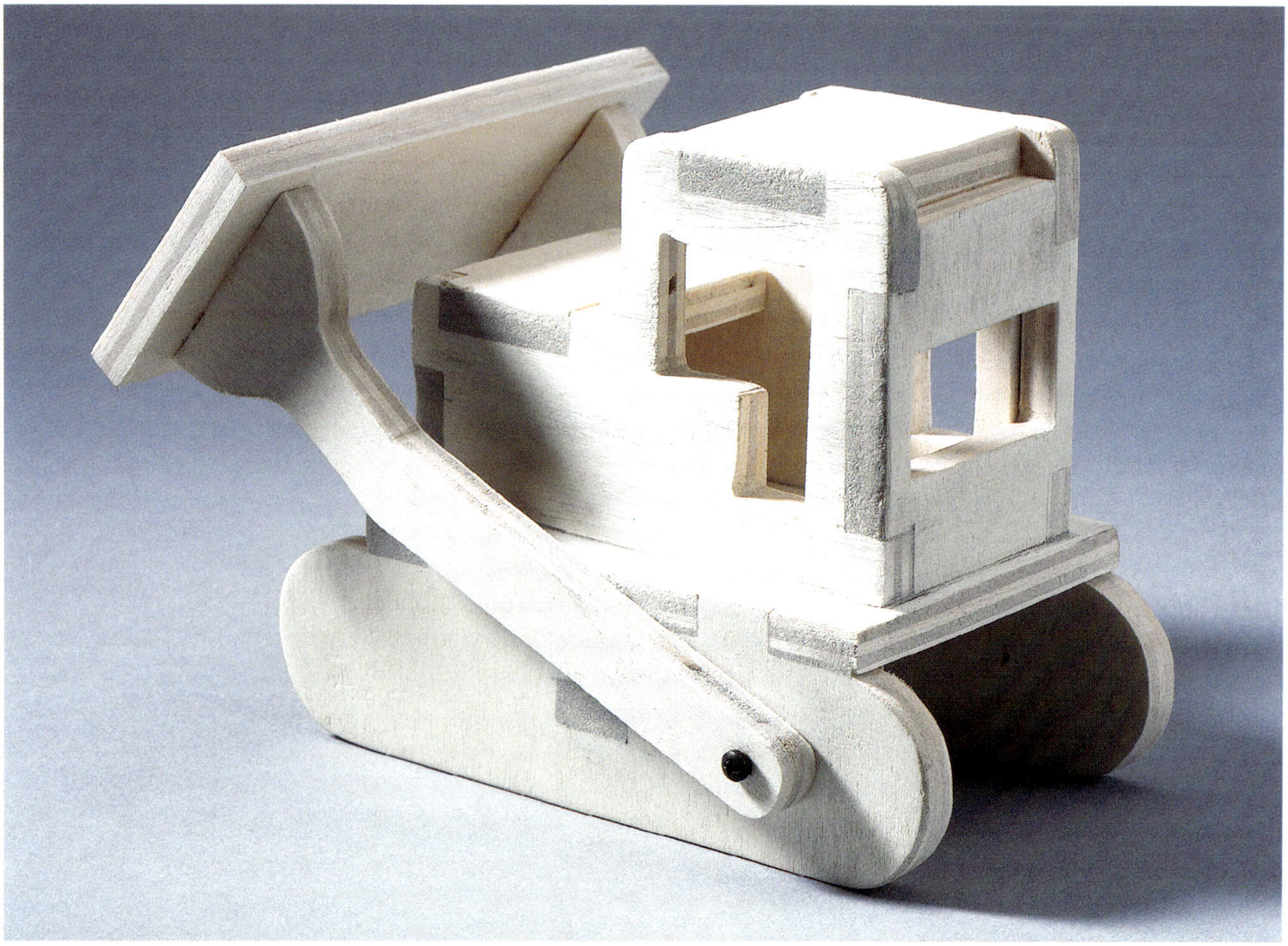

Am unlackierten Modell erkennt man den wahren Meister.

erwiesen. Sie sind praktischer als Feilen und können in jeder benötigten Größe angefertigt werden.

Ganz toll wirkt aber auch ein perfekt gesägtes Modell ganz ohne Lackierung. An ihm erkennt man den wahren Meister!

(zum Beispiel Körnung 240) nachgearbeitet. Hilfreich beim Schleifen ist ein Schleifklotz, mit dem das Papier besser zu halten ist und sich Flächen gleichmäßiger bearbeiten lassen.

Als gute Helfer bei der Nacharbeit haben sich auch speziell zugesägte Holzstücke mit aufgeklebtem Schmirgelpapier

Nun wird zusammengebaut

Die Modelle sind so ausgedacht, dass sie auch ohne Leim schon zusammengesetzt werden können. Dabei lassen sich eventuelle Unsauberkeiten frühzeitig erkennen und natürlich auch noch leicht ausbessern.

Als kleine Hilfe beim Kleben kannst du Gummiringe verwenden. Damit halten die Einzelteile sehr gut zusammen. Einen Bauplan sowie Tipps zur Montage findest du jeweils bei den Modellen.

Zum Abschluss wird's schön bunt

Bemalt werden kann vor oder nach dem Zusammenbau. Beides hat seine Vorteile. Vor dem Zusammenbau sind die Teile besser zu handhaben, nach dem Zusammenbau und Verleimen können kleine Fehler, zum Beispiel etwas zu groß gesägte Ausschnitte, nachgearbeitet werden. (Holzleim, mit ein wenig Sägespänen gemischt, ergibt einen tollen Fugenfüller!) Du kannst zum Füllen sämtlicher Fugen und Unebenheiten auch einen Holzspachtel verwenden.

Die Modelle können ganz nach deinen eigenen Vorstellungen bemalt werden. Die im Vorlagenbogen gezogenen, nicht zum Aussägen gedachten Linien (gepunktet und gestrichelt) dienen dir als Anhaltspunkte. Pause einfach die Linien mit einem Kohlepapier auf das ansonsten lackierfertige Werkstück. Willst du die Linien auch auf die gegenüberliegende Seite des Modells auftragen, benötigst du das Ganze spiegelbildlich. Um das einfach und schnell durchzuführen, legst du ein Kohlepapier mit der pausenden Seite nach oben und darauf die Vorlage. Malst du jetzt die Linien nach, werden Sie auf der Rückseite des Papiers sichtbar und damit spiegelbildlich. Mit dieser Zeichnung verfährst du dann wie oben beschrieben. Beim Design sind dem Künstler keine Grenzen gesetzt!

Zum Ablegen der bemalten Teile benützt du am besten einen Styroporklotz, den du mit Streichhölzern oder Nägeln gespickt hast. In dieser Vorrichtung kleben die bereits bemalten Flächen nirgends fest.

Und nun kannst du durchstarten…

Du kannst dein Modell vor oder nach dem Zusammenbau bemalen.

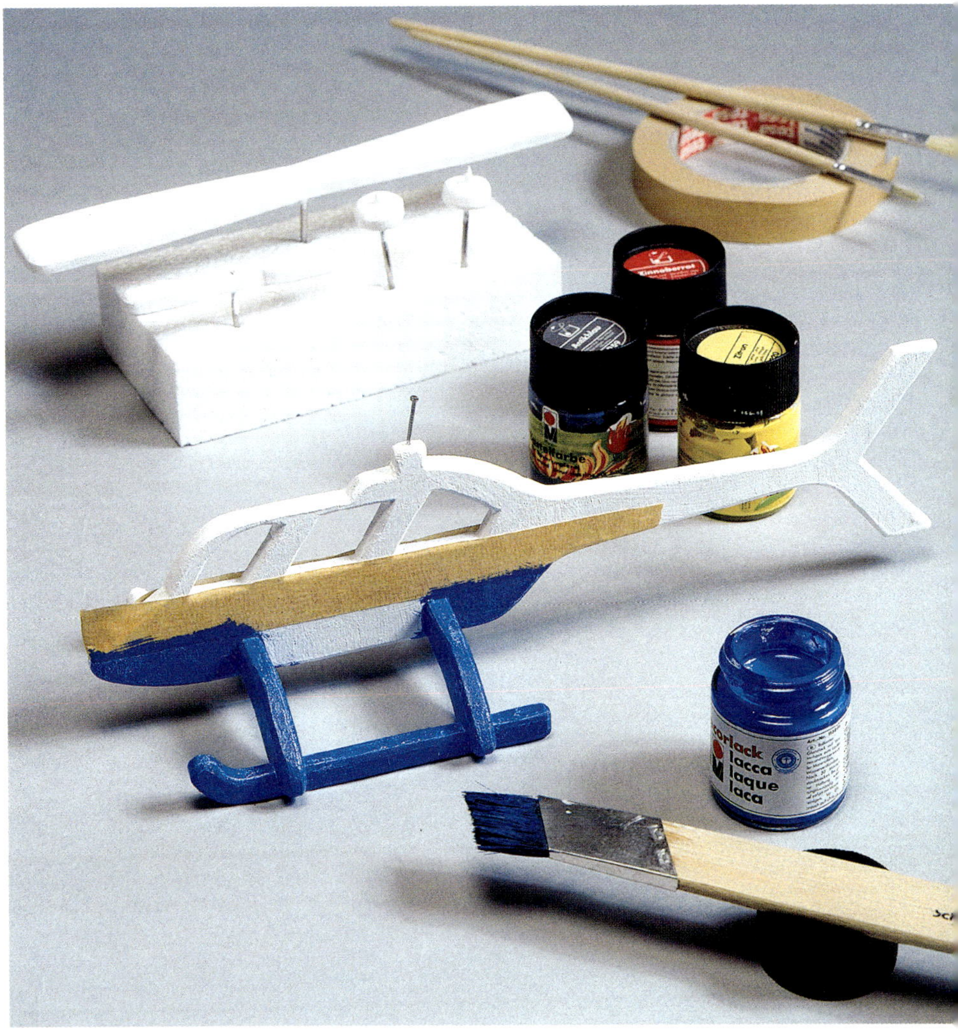

Alles, was fliegt

Jumbo-Jet

♣

Wer wollte nicht einen eigenen Jumbo haben – etwas kleiner als normal, aber ein richtiger Jumbo…

Ein Jumbo-Jet kann mehr als 500 Personen befördern. In einer Stunde legt er fast 1000 Kilometer zurück, und er erreicht eine Höhe bis 15 Kilometer. Der Jumbo hat eine Spannweite von 60 Metern, eine Länge von 70 Metern und ist beinahe 20 Meter hoch. Voll beladen wiegt er etwa 400 Tonnen.

Beachte beim Zusammenbauen

Die Fenster nicht aussägen, besser anschließend aufmalen. Die Triebwerke erst nach der Montage der Tragflächen einkleben.

So viel Holz benötigst du

66 cm x 40 cm
Dicke: 8 mm

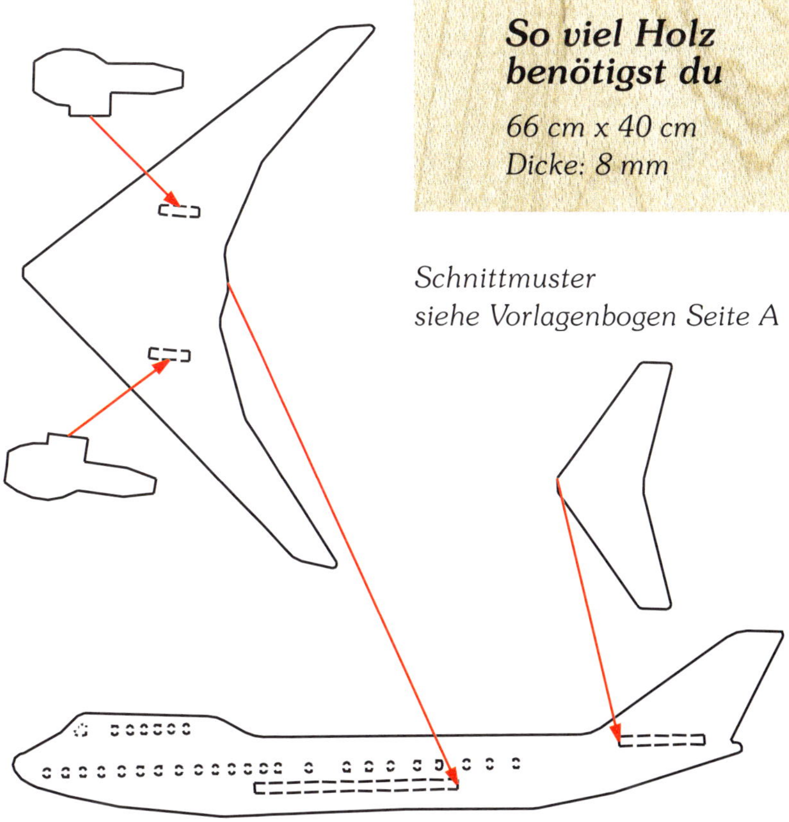

Schnittmuster
siehe Vorlagenbogen Seite A

Concorde

♣

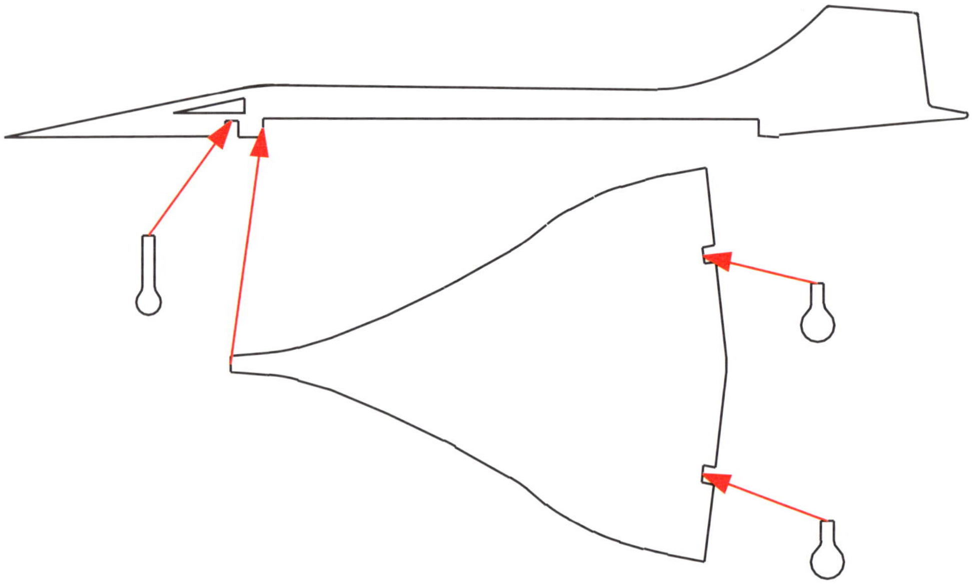

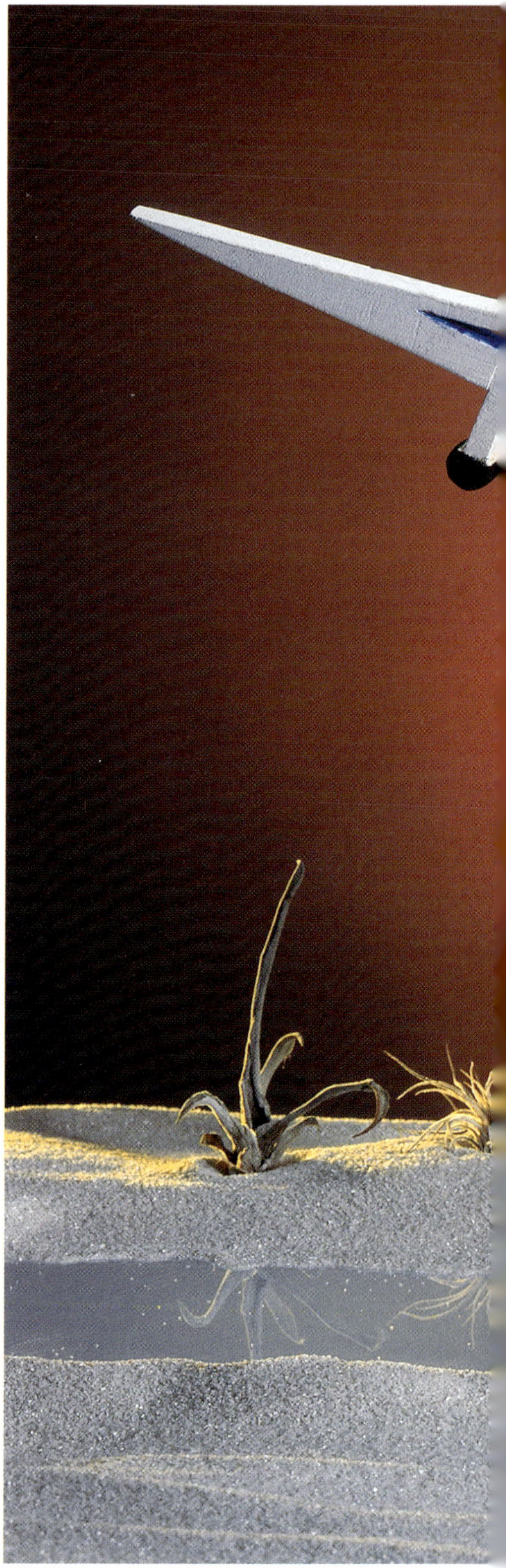

Die Concorde mit ihrer für Passagierflugzeuge untypischen Form erreicht beinahe zweifache Schallgeschwindigkeit, das heißt, sie legt in der Stunde etwa 2300 Kilometer zurück. Ein sehr schneller Läufer schafft in der gleichen Zeit etwa 20 Kilometer.

Beachte beim Zusammenbauen

Die Fenster nicht aussägen, besser später aufmalen.

So viel Holz benötigst du

50 cm x 30 cm
Dicke: 8 mm

Schnittmuster
siehe Vorlagenbogen Seite A

Rakete

♣

Mit einer Höchstgeschwindigkeit von etwa 30 000 Kilometern in der Stunde flog 1961 erstmals eine bemannte Rakete ins All. 1969 betrat zum ersten Mal ein Mensch den Mond. Falls dich der Weltraum fasziniert und du später Astronaut werden willst, kannst du dir heute schon mal deine eigene Rakete bauen. Aber vergiss nicht, wieder sicher auf der Erde zu landen!

So viel Holz benötigst du

40 cm x 20 cm
Dicke: 8 mm

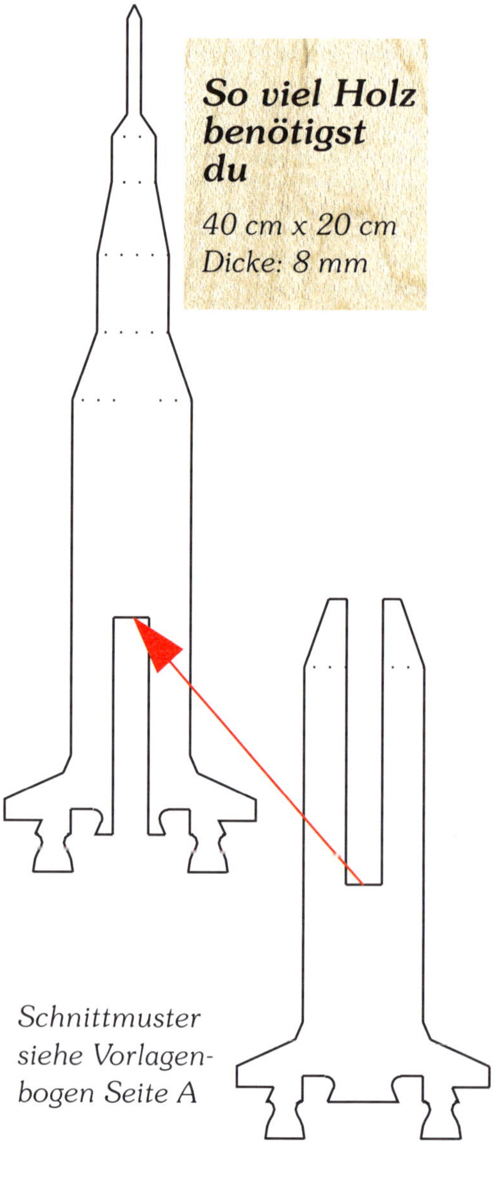

Schnittmuster siehe Vorlagenbogen Seite A

Ballon

♣♣♣

Die Brüder Montgolfier bauten 1783 den ersten Heißluftballon. Passagiere waren damals ein Schaf, eine Ente und ein Hahn. Ob die drei sich unterwegs wohl mit Störchen und Staren unterhalten haben?

Beachte beim Zusammenbauen

Zuerst die beiden Ballonhälften miteinander verbinden, dann die Seitenwände des Korbes einkleben – jeweils zwei gleiche gegenüber. Zuletzt den Boden anbringen.

So viel Holz benötigst du

42 cm x 57 cm
Dicke: 8 mm

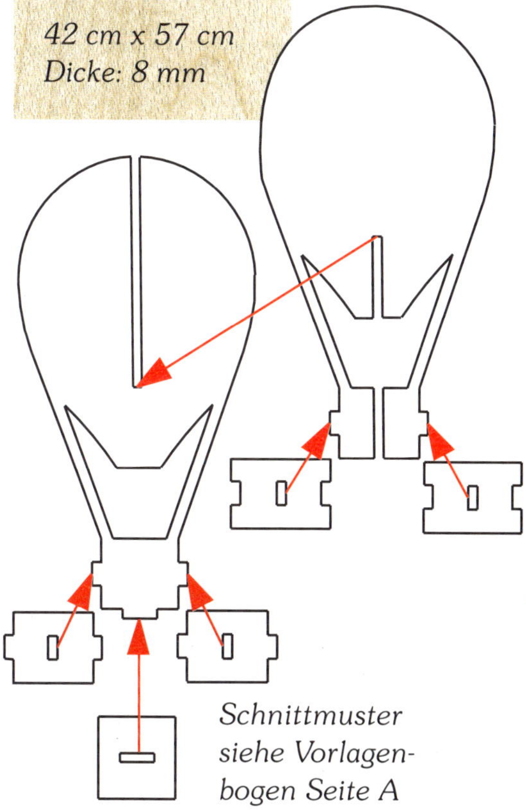

Schnittmuster siehe Vorlagenbogen Seite A

POLIZEI

Hubschrauber

♣ ♣

Du hast ihn bestimmt schon als Verkehrsüberwacher über der Autobahn fliegen sehen oder beobachtet, wie mit seiner Hilfe schwere Lasten angehoben wurden. Hubschrauber sind besonders bewegliche Luftfahrzeuge. Sie können senkrecht in die Luft steigen, vorwärts, rückwärts oder seitwärts fliegen. Ja, sie können sogar auf der Stelle schweben.

Schnittmuster siehe Vorlagenbogen Seite A

Beachte beim Zusammenbauen

Die runden Scheiben zwischen die Rotoren (Drehflügel) und den Rumpf einbauen, damit sich diese später frei drehen können.

So viel Holz benötigst du

33 cm x 23 cm
Dicke: 8 mm

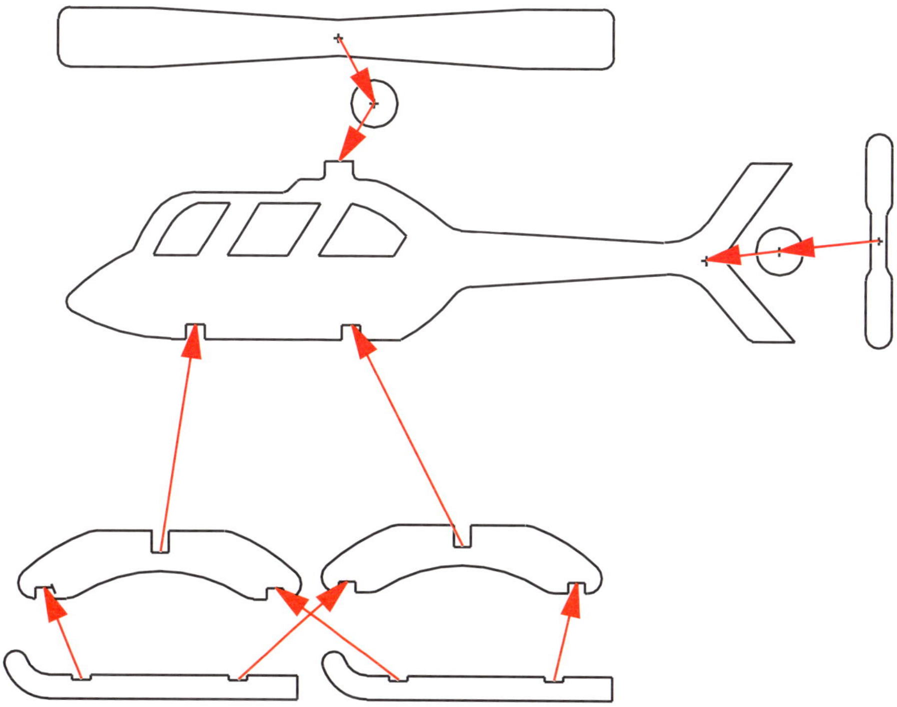

Luftschiff

♣

Lautlos gleitet es am Himmel entlang – wie eine übergroße Zigarre. Das größte Luftschiff, das je gebaut wurde, war »Graf Zeppelin II«. Es hatte eine Länge von knapp 250 Metern!

Beachte beim Zusammenbauen

Zunächst die Halterung für die Propeller mit dem Rumpf verbinden, erst dann die Luftschrauben anbringen.

So viel Holz benötigst du

30 cm x 15 cm
Dicke: 8 mm

Schnittmuster siehe Vorlagenbogen Seite A

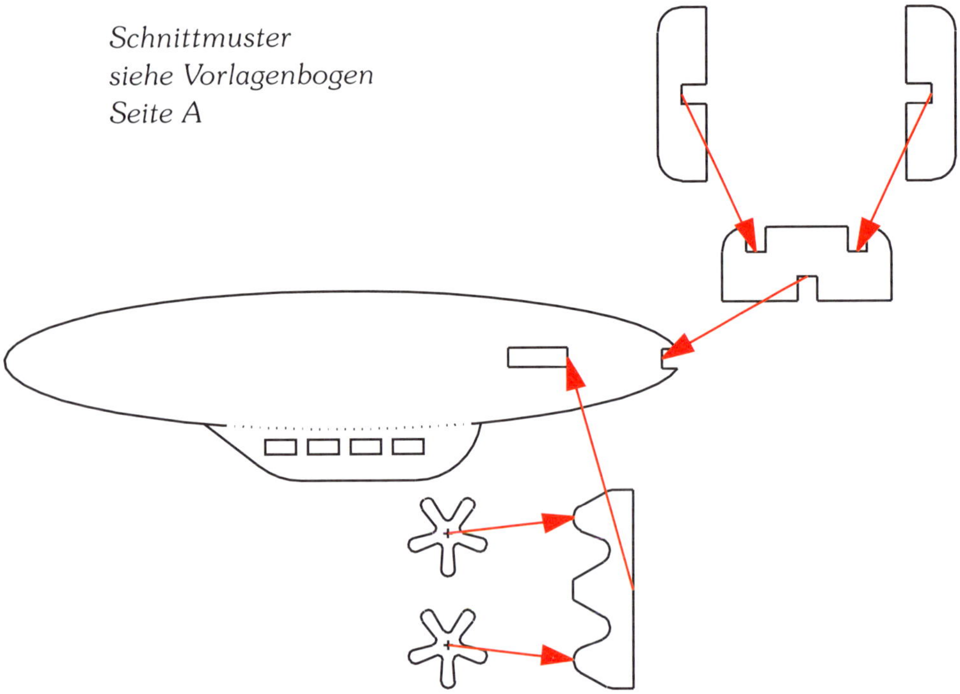

Doppeldecker

♣ ♣

Hast du gewusst, dass das erste Motorflugzeug, das jemals richtig flog, von den Brüdern Wright im Jahr 1903 gebaut wurde? Die beiden brauchten damals noch keine Verkehrsregeln in der Luft zu berücksichtigen. Sie konnten nach Sicht fliegen und mussten keinem anderen Flugzeug ausweichen. In der Zwischenzeit ist der Flugverkehr so groß geworden, dass die Piloten ihre Maschinen nur auf bestimmten Flugstraßen und in einer vorgegebenen Flughöhe bewegen dürfen.

Beachte beim Zusammenbauen

Zuerst die untere der beiden Tragflächen (die mit den vier Schlitzen) mit dem Rumpf verbinden, dann über die Stege mit der oberen verbinden. Die Montage des Fahrwerks erfolgt zum Schluss.

So viel Holz benötigst du

34 cm x 37 cm
Dicke: 8 mm

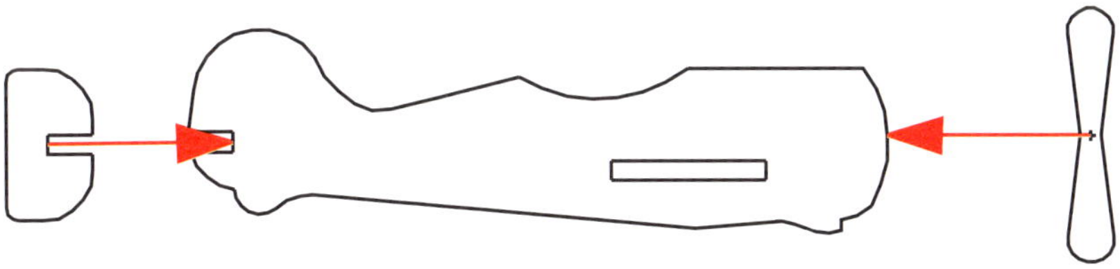

Schnittmuster siehe Vorlagenbogen Seite A

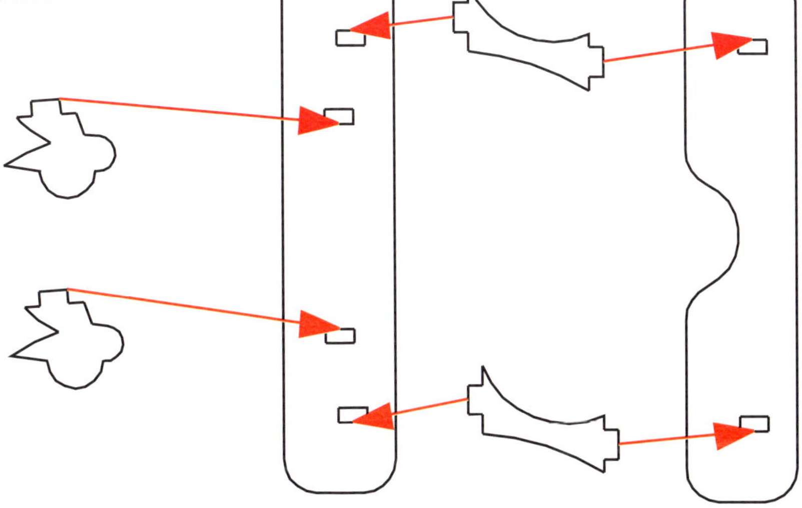

Flugzeug

♣

1927 überquerte Lindbergh als erster mit einem Flugzeug im Alleinflug den Atlantik. Damals dauerte der Flug 33 Stunden, ein modernes Verkehrsflugzeug legt die Strecke heute in etwa fünf Stunden zurück.

So viel Holz benötigst du

30 cm x 18 cm
Dicke: 8 mm

Schnittmuster siehe Vorlagenbogen Seite A

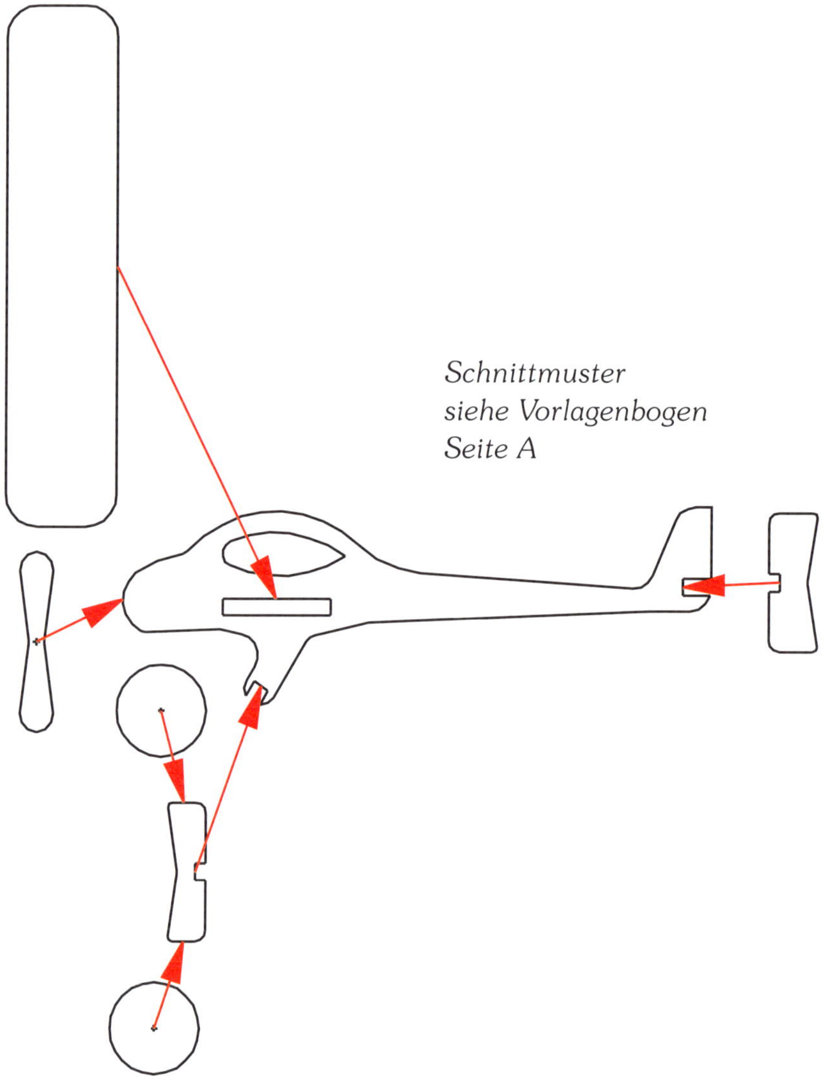

Straßen- und Geländeflitzer

Dragster

♣ ♣

Dragster-Rennen gehen über eine Entfernung von 400 Metern. Dabei werden Geschwindigkeiten von über 300 Kilometern pro Stunde erreicht. Um schnell wieder abbremsen zu können, sind Dragster mit Bremsfallschirmen ausgestattet.

Beachte beim Zusammenbauen

Bei den großen Rädern besonders sorgfältig arbeiten, denn unrunde Teile fallen hier besonders auf.

So viel Holz benötigst du

25 cm x 35 cm
Dicke: 8 mm

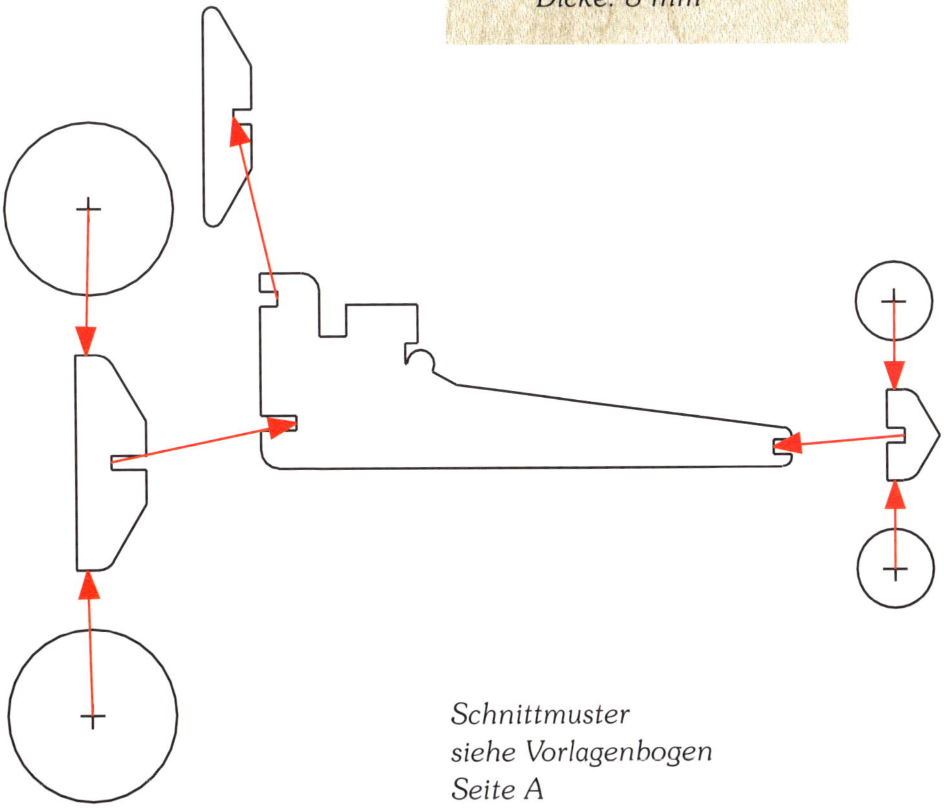

Schnittmuster siehe Vorlagenbogen Seite A

Geländewagen

♣ ♣

Manche Geländewagen sind so ausgerüstet, dass sie sogar durchs Wasser fahren können. Mit solch einem sogenannten Amphibienfahrzeug umrundete der Australier Ben Carlin in den 50er Jahren die Welt. Aber Achtung: Falls du mit deinem Geländewagen durch Pfützen flitzen willst, musst du ihn vorher mit einem wasserfesten Lack anstreichen!

Beachte beim Zusammenbauen

Die Doppelräder miteinander verleimen und dann gemeinsam verschleifen.

So viel Holz brauchst du

28 cm x 33 cm
Dicke: 8 mm

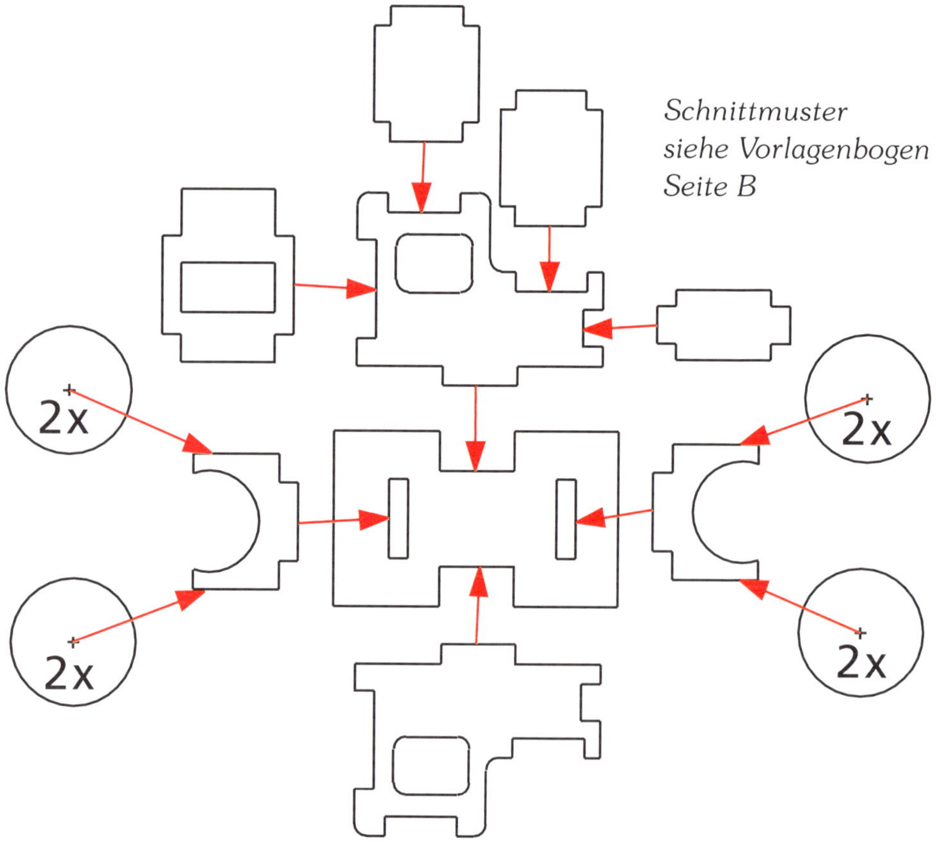

Schnittmuster siehe Vorlagenbogen Seite B

Unterwegs auf dem Fluss

Frachtkahn

♣ ♣

Du wirst bestimmt staunen, wenn du liest, dass das größte Frachtschiff der Welt – der Öltanker »Jahre Viking« – fast einen halben Kilometer lang ist. Du müsstest also etwa 500 große Schritte tun, um von seinem Bug bis zu seinem Heck zu kommen!

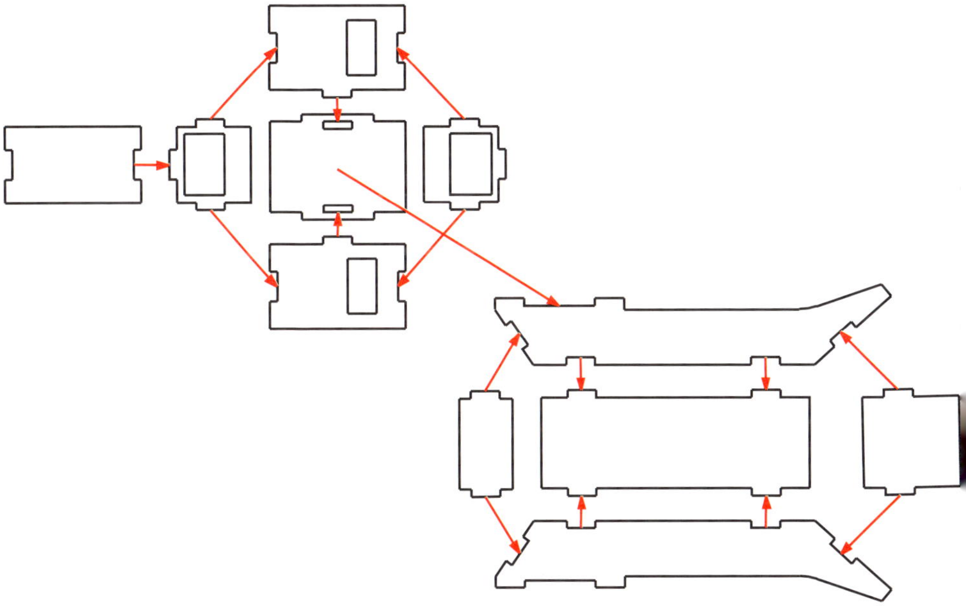

Beachte beim Zusammenbauen

Zuerst den Rumpf verkleben, dann den Aufbau montieren.

So viel Holz benötigst du

70 cm x 50 cm
Dicke: 8 mm

Schnittmuster siehe Vorlagenbogen Seite A

Wichtige Helfer bei der Feldarbeit

Mäh-drescher

♣♣♣

Mit einem modernen Mähdrescher können in einer Stunde 20 000 Quadratmeter (das sind zwei Fußballplätze!) abgeerntet werden.

Wie beim großen Vorbild: Nach dem Dreschen fällt hier das Stroh heraus.

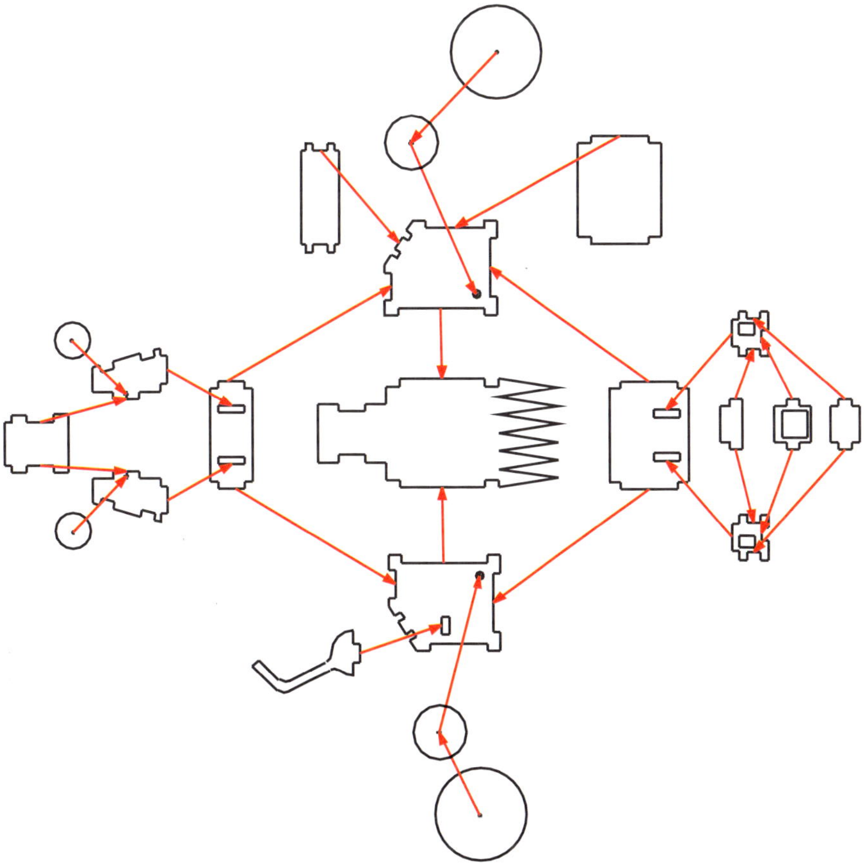

Beachte beim Zusammenbauen

Beim Zusammenbau vom Heck aus montieren. Die Reifen und den seitlichen Stutzen erst ganz zum Schluss anbringen.

So viel Holz benötigst du

58 cm x 47 cm
Dicke: 8 mm

Schnittmuster
siehe Vorlagenbogen Seite A

Traktor

♣ ♣ ♣

Der größte Traktor der Welt stammt aus den USA und kostete über eine Million Mark. Er hat eine Spurweite von zehn Metern und wiegt über 20 Tonnen!

Beachte beim Zusammenbauen

Die großen Doppelräder miteinander verleimen und nach dem Trocknen gemeinsam verschleifen. Den Aufbau von der Bodenplatte aus beginnen.

So viel Holz benötigst du

45 cm x 43 cm
Dicke: 8 mm

Schnittmuster siehe Vorlagenbogen Seite B

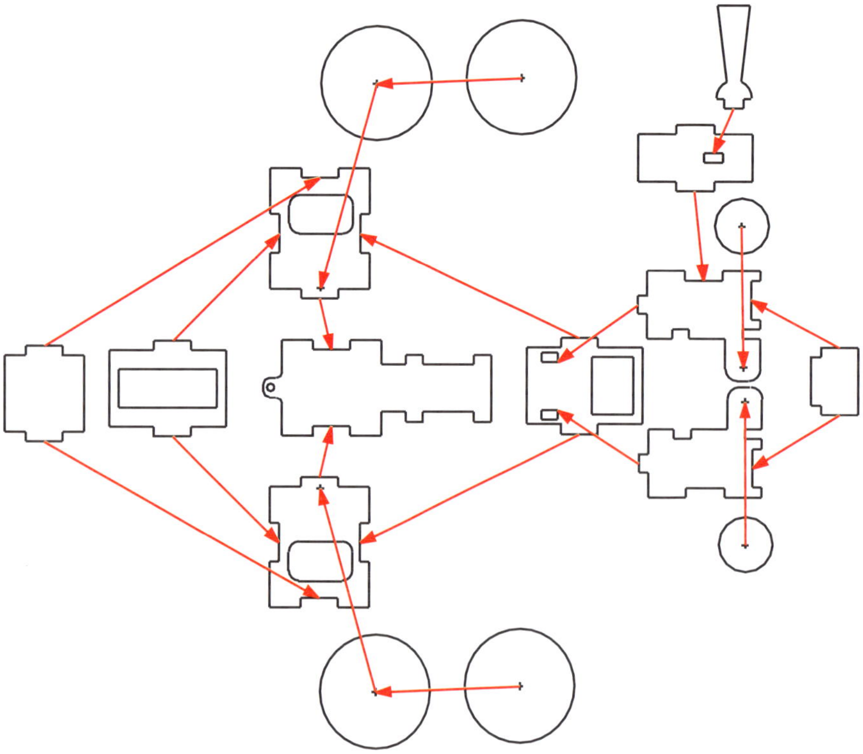

Auf der Baustelle

Bagger

♣ ♣ ♣

Du hast dir früher bestimmt immer einen Bagger für den Sandkasten zum Geburtstag gewünscht. Nun kannst du dir ein besonders schönes Modell selbst herstellen.

Beachte beim Zusammenbauen

Zuerst das Fahrgestell montieren, dann das Führerhaus. Anschließend die beiden Teile über eine Schraube miteinander verbinden. Erst jetzt den Greifarm vom Führerhaus aus zusammenbauen.

So viel Holz benötigst du

40 cm x 35 cm
Dicke: 8 mm

Schnittmuster siehe Vorlagenbogen Seite B

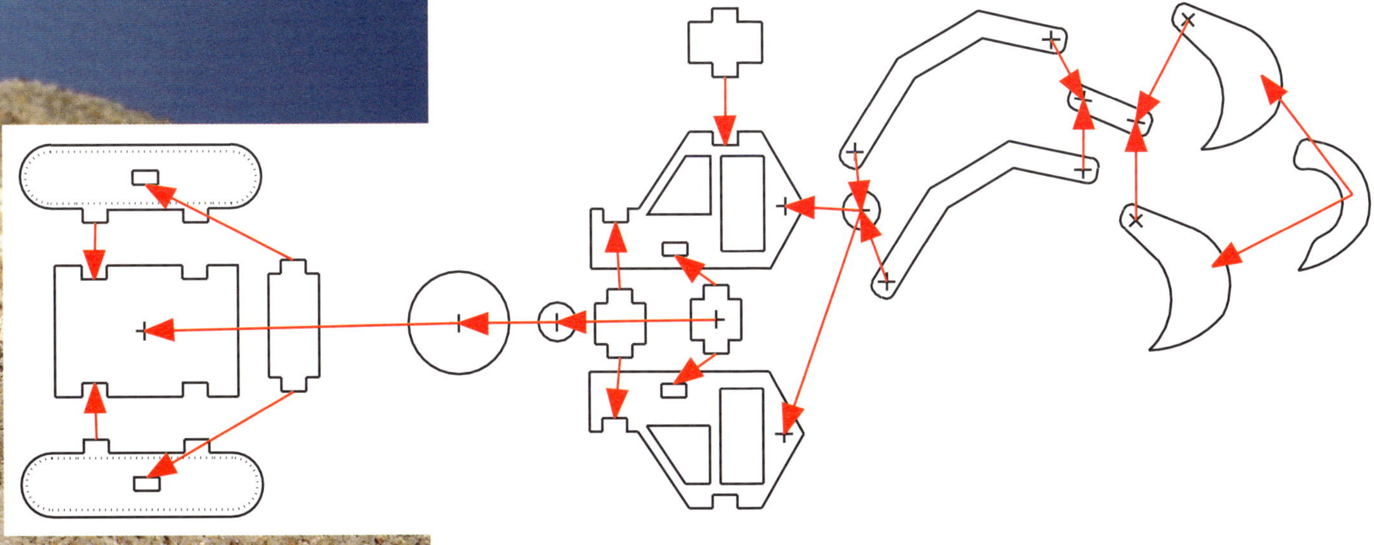

Raupe

♣♣♣

Raupen können große Steigungen überwinden. Sie bewegen sich auf breiten Bändern (Raupenketten). Somit wird die Last auf eine große Fläche verteilt und das Fahrzeug sinkt nicht ein.

Beachte beim Zusammenbauen

Die Ketten und die Bodenplatte zuerst verkleben, dann das Führerhaus darauf aufbauen. Das Schild vormontieren und danach mit der Raupe verbinden.

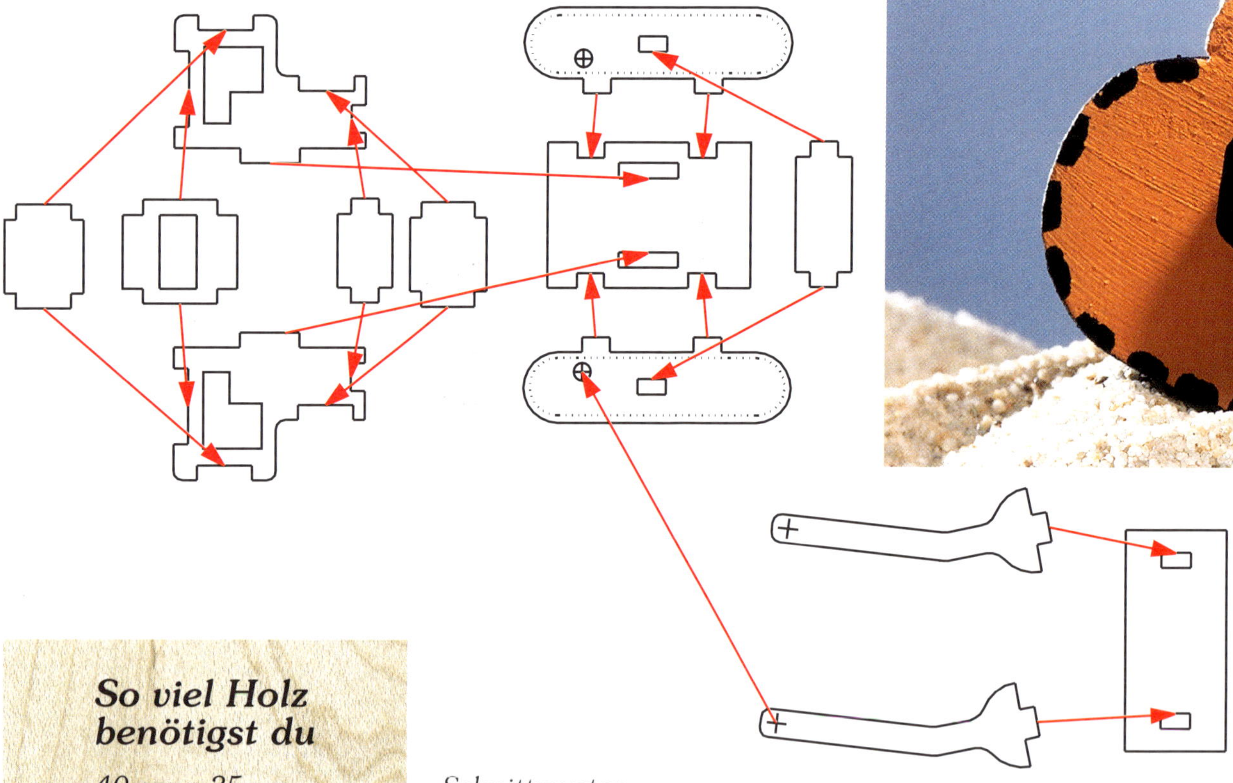

So viel Holz benötigst du

40 cm x 35 cm
Dicke: 8 mm

Schnittmuster siehe Vorlagenbogen Seite B

LKW

♣ ♣

Lastkraftwagen sind auf der Baustelle unentbehrlich. Mit Allradantrieb kommen sie auch über unwegsames Gelände. Der abgebildete LKW aus Holz ist schon voll im Einsatz.

Schnittmuster siehe Vorlagenbogen Seite B

Beachte beim Zusammenbauen

Von der Bodenplatte aus das Fahrzeug aufbauen. Die Aufhängungen für die Räder zuletzt anbringen.

So viel Holz benötigst du

30 cm x 40 cm
Dicke: 8 mm

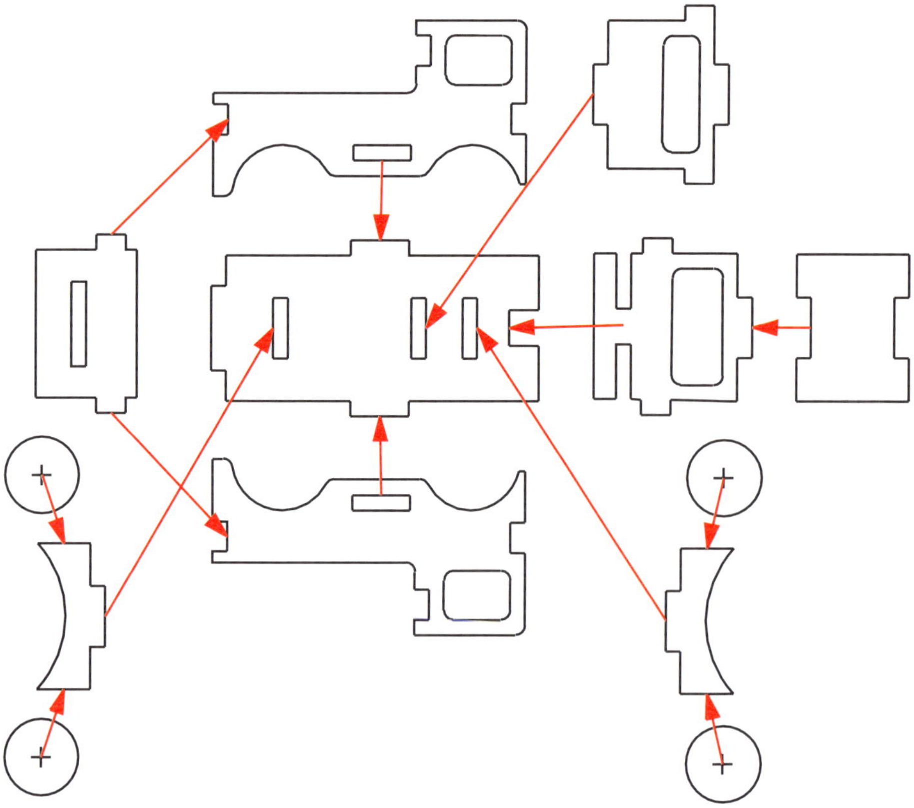

Straßenwalze

♣♣♣

Straßenwalzen sind sehr schwere Fahrzeuge, die eine Straßendecke festpressen können. Pass also auf, wo du deine Walze abstellst…

Schnittmuster siehe Vorlagenbogen Seite B

Beachte beim Zusammenbauen

Was dieses Modell etwas schwieriger macht, sind die Walzen. Bei der Montage der Walzen hilft dir am besten ein Erwachsener. Damit die Walzen später schön rund laufen, muss nach dem Verkleben noch mal richtig geschliffen werden.

So viel Holz benötigst du

32 cm x 23 cm
Dicke: 8 mm

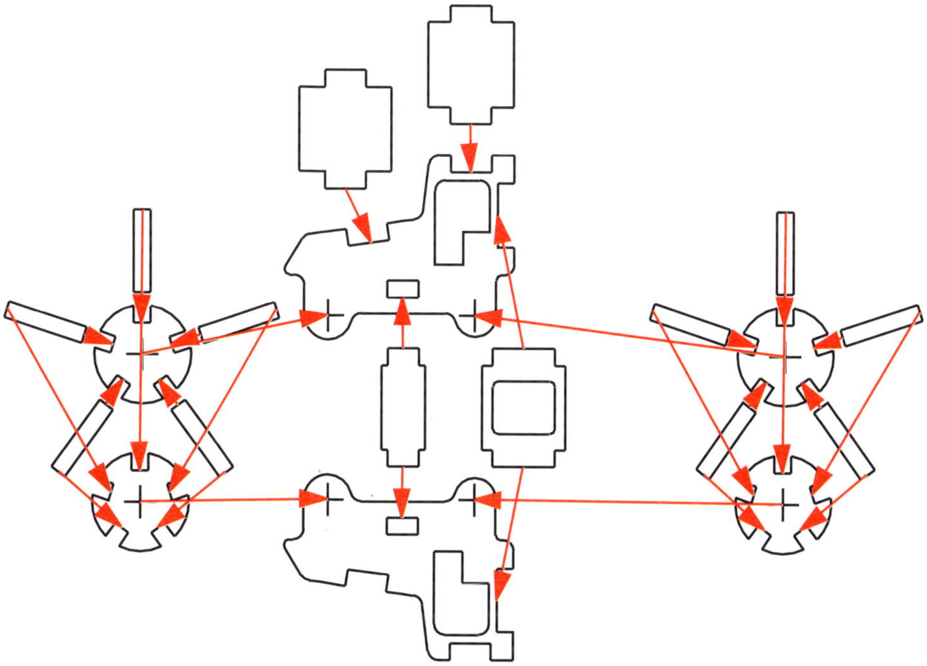

Tatütata...

Feuerwehrauto

♣ ♣ ♣

Mit Hilfe der Feuerwehr werden nicht nur Brände gelöscht, sondern hin und wieder wird auch ein verängstigtes Kätzchen von einem hohen Baum gerettet. Für welchen Einsatz ist dein Fahrzeug als Nächstes vorgesehen?

Beachte beim Zusammenbauen

Zuerst die Karosserie zusammenbauen. Dabei von der Bodenplatte aus beginnen. Dann die Aufhängung für die Räder einkleben, die Leiter und das Zubehör zuletzt anbringen.

Schnittmuster siehe Vorlagenbogen Seite B

So viel Holz benötigst du

45 cm x 35 cm
Dicke: 8 mm

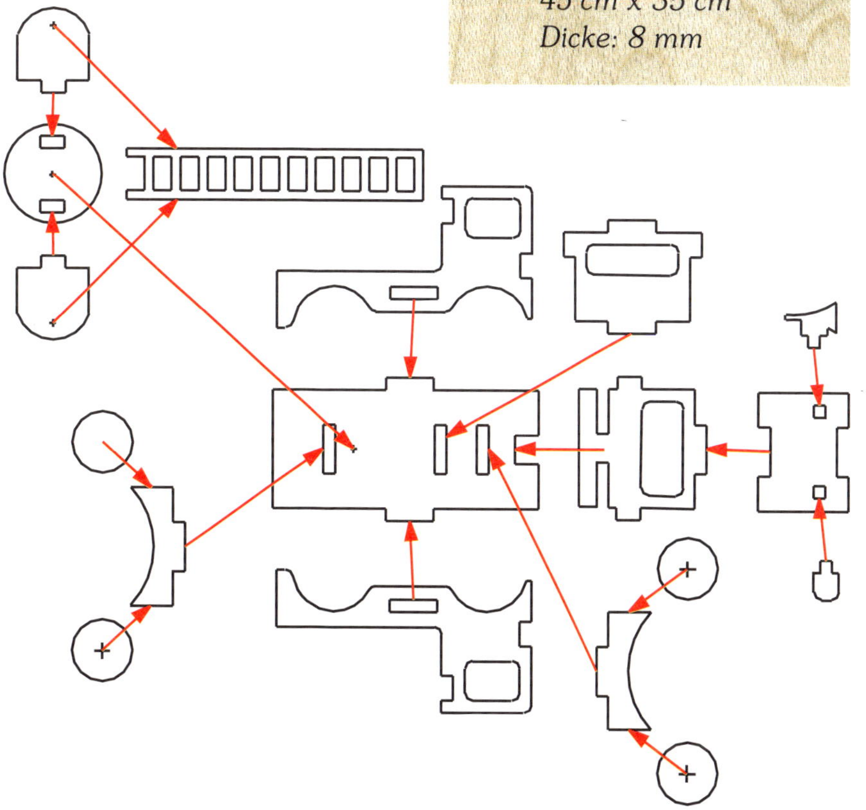

CE
TÜV SÜDWEST
GS geprüfte Sicherheit
spiel gut
vom arbeitsausschuß kinderspiel+spielzeug ausgezeichnet
hobbyboy, denn Deiner Phantasie sind keine Grenzen gesetzt!
Das BÖHLER hobbyboy Progamm:
Bohrmaschine Best.-Nr. 320 100
Schwingschleifer Best.-Nr. 320 400
Stichsäge Best.-Nr. 320 200
Trafo Best.-Nr. 320 902 u. 320 9
Zu beziehen über den Modellbaufachhandel oder
Günther Böhler GmbH · Carl-Benz-Str. 6 · D-79211 Denzlingen
Telefon 07666/2652 · Telefax 07666/1032
Internet: http://www.boehler-minitool.com
e-mail: info@boehler-minitool.com
Elektro - Kleinwerkzeu